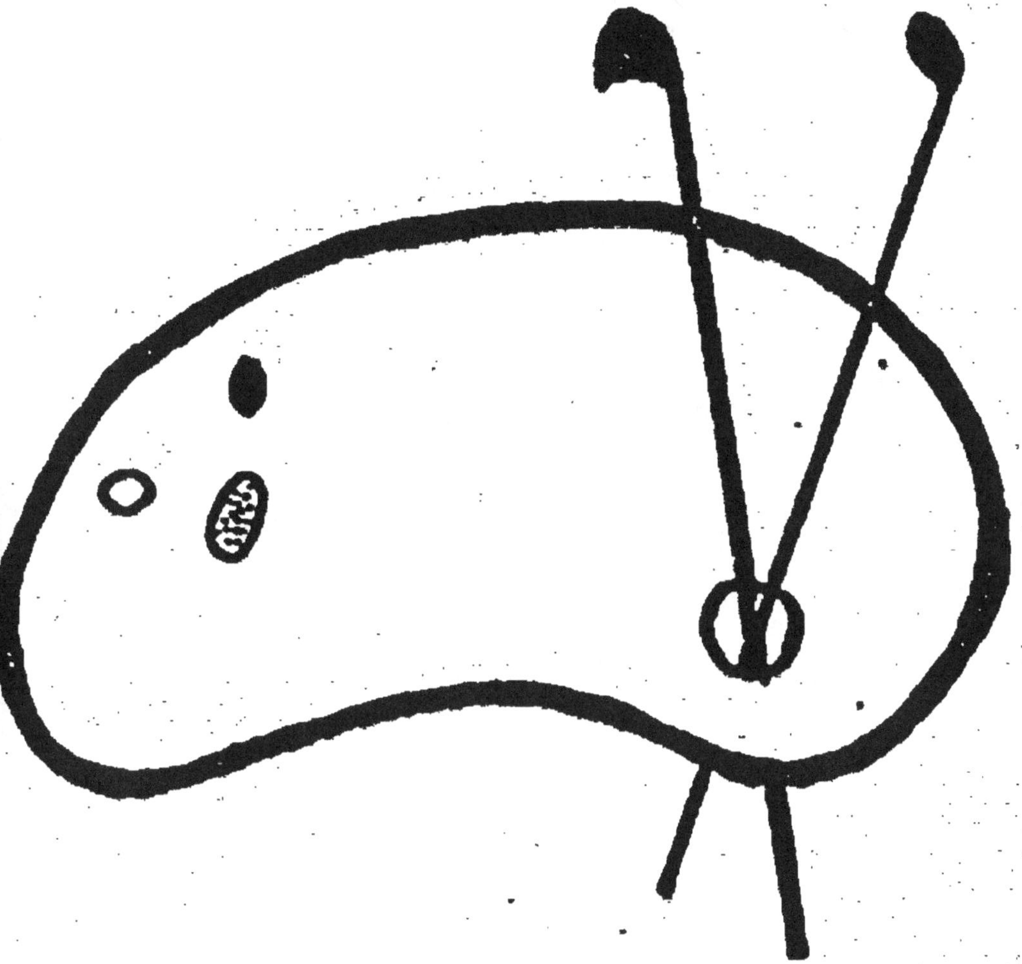

DEBUT D'UNE SERIE DE DOCUMENTS
EN COULEUR

Ernest CHABRAND
Ingénieur des Arts et Manufactures, A. ✿

Bibliothèque Scientifique du Dauphiné

Le Pâturage dans les Alpes

ÉTUDE D'ÉCONOMIE ALPESTRE

GRENOBLE
Xavier DREVET, éditeur
LIBRAIRE DE L'UNIVERSITÉ ET DE L'ACADÉMIE
14, rue Lafayette, 14
SUCCURSALE A URIAGE-LES-BAINS

8-06

LE PATURAGE DANS LES ALPES

Ernest CHABRAND
Ingénieur des Arts et Manufactures, A. O

Bibliothèque Scientifique du Dauphiné

Le Pâturage dans les Alpes

ÉTUDE D'ÉCONOMIE ALPESTRE

GRENOBLE
Xavier DREVET, éditeur
LIBRAIRE DE L'UNIVERSITÉ ET DE L'ACADÉMIE
14, rue Lafayette, 14
SUCCURSALE A URIAGE-LES-BAINS

Publication du Journal *LE DAUPHINÉ*
Fondateurs : LOUISE DREVET et XAVIER DREVET

Directeur : XAVIER DREVET
GRENOBLE

Juin 1906.

Le Pâturage dans les Alpes

Les bergers de Provence et les moutons d'Arles. — Pâturage des bêtes à laine. — Le mouton indigène ou sédentaire. — Le transhumant. — Exploitation des Alpages. — Dégâts causés par les bêtes à laine. — La décadence de l'Alp. — L'émigration. — La dépopulation de la Montagne. — La régénération des pâturages alpestres. — La Ligue contre l'Œuvre des Moutons à la Montagne.

J'ai pensé que l'Alpiniste Dauphinois qui s'intéresse à l'évolution de la vie des glaciers n'était pas sans porter intérêt aussi à la vie de l'Alp, dont la robe verte sert à la fois de parure et de cuirasse à ses montagnes C'est pourquoi, il m'a semblé que cette étude sommaire. où je résume les observations et les idées d'une pléiade d'hommes compétents sur la matière, tels que Surell, Cèzanne Delafont, Le Hun, Mathieu, Demontzey, etc., serait favorablement accueillie par tous ceux qui ont au cœur l'amour de la Montagne.

Il n'est pas de touriste qui n'ait eu l'occasion, vers la fin du mois de juin, de rencontrer sur les grandes routes ou sur les sentiers qui mènent vers les hauts sommets de nos Alpes, des troupeaux de bêtes à laine, cheminant lentement, par longues bandes, au milieu d'une nuée de poussière.

Chaque bande est précédée d'un petit peloton de

boucs et de chèvres, *lei menoun*, s'avançant fièrement, la tête levée, portant au cou de grosses sonnailles à grelot ou *redoun*, qui emplissent l'air de leurs tintements métalliques cadencés. Derrière cette avant-garde marchent des milliers de bêtes à laine, couvertes de poussière, harassées par les fatigues d'un long voyage, amaigries par la diète subie pendant un long trajet, durant lequel elles n'ont trouvé à brouter que les quelques brins d'herbe croissant au bord des routes et dépouillées d'une partie de leur toison souvent tondue jusqu'au ras de la peau.

Autour de ces bandes galopent et rôdent plusieurs grands chiens de bergers, aux poils noirs et hirsutes, dits chiens des Alpes, ou *labris*, le col armé d'un épais collier de cuir tout hérissé de pointes de fer; ils surveillent le troupeau, empêchant les brebis de divaguer dans les champs ou les prairies qui bordent la route et le défendent de toute attaque.

A la tête du troupeau et échelonnés de distance en distance, quelques bergers, un fouet ou un gros bâton à la main, criant, sifflant, jurant, dirigent la marche, sous les ordres d'un Berger Chef que l'on appelle *Bayle* ou *Baile*, monté sur un mulet ou sur un cheval, et drapant sa souveraineté pastorale dans un manteau de *Cadis*, c'est-à-dire de grosse laine.

Ce maître pâtre suit et ferme la caravane, accompagné de quelques bêtes de sommes, ânes ou mulets, portant les bagages et les provisions, tout le *fourbi* des bergers.

Ces troupeaux viennent, par étapes de 30 à 40 kilomètres, des plaines sèches et arides de la Provence, des jachères de la Camargue ou des prairies maigres et caillouteuses de la Crau d'Arles ou ils ont hiverné, pour aller passer, loin des brûlantes ardeurs du soleil du midi, la saison d'été, dans les pâturages hauts alpins, ou pousse drue, comme un feutre serré, une herbe aromatique et savoureuse et où ils trouvent, avec un air pur et frais, la nourriture qui manque aux plaines méditerranéennes desséchées.

Des plaines de Provence aux pâturages des hautes

Alpes, les troupeaux ont à parcourir une route de plus de 200 kilomètres.

Ces troupeaux appartiennent le plus souvent à de riches propriétaires ou capitalistes, à des spéculateurs de la plaine d'Arles et de Marseille qui les confient au *Bayle* ou berger-chef. Celui-ci, à ses risques et périls, conduit les troupeaux, afferme les pâturages ou les montagnes pastorales, y répartit les bêtes, etc., en un mot, il se charge de l'estivage, moyennant une redevance.

Lorsqu'arrive l'automne et que la neige chasse les troupeaux des Alpages, ceux ci redescendent en Provence et prennent leurs quartiers d'hiver dans les steppes de la *Crau* d'où ils avaient été chassés par les sècheresses estivales et le manque d'herbages ; là ils recommencent à brouter le peu d'herbe courte qui, sous chaque caillou, a poussé pendant l'été.

Tandis qu'à la montée ils étaient pelés et étiques, ils reviennent dans les *Coussous* de la Crau, gras, dodus, et bien portants, revêtus d'une épaisse toison que guettent les ciseaux avides du tondeur.

Cette double migration annuelle du Sud au Nord et du Nord au Sud, des plaines de la région Méditerranéenne aux Alpes et inversement, en tout semblable à celle des troupeaux nomades de l'Arabe, entre le Sahara et l'Atlas, a fait donner à ces troupeaux le nom de *Transhumants* (1) ; elle convient admirablement à ces *métis mérinos* (2) qui, grâce au climat des

---

(1) L'origine des troupeaux transhumants, dans nos Alpes, doit être reportée, paraît-il, à l'époque romaine ou, tout au moins, à l'an 500, où Théodoric, roi des Ostrogoths, ordonne à son général Fridibaldus de défendre les troupeaux des Alpes de toute pillerie (*M Fournier, tome 1er, p. 443; lettre tirée de Cassiodore*). J'ai trouvé cette intéressante indication dans la monographie intitulée : *Les Barcelonnettes au Mexique* et due à la plume de notre érudit compatriote, F. Arnaud, notaire à Barcelonnette.

(2) L'introduction des mérinos dans les Hautes-Alpes date de 1804 ; elle est attribuée à M. de Bardel, alors maire de La Piarre, canton de Serres, qui alla, en Espagne, chercher « 120 mérinos tant mâles que femelles ». Des rapports officiels fixent à 300 mille le nombre de bêtes à laine, indigènes et étrangères, qui, en 1850, paissaient sur les 95.000 hectares de montagnes pastorales des Hautes-Alpes.

altitudes alpines, s'y engraissent, échappent aux épizooties et voient leur laine acquérir une qualité supérieure.

En échange du libre parcours accordé à ces troupeaux dans leurs pâturages, les habitants de la montagne reçoivent des bergers transhumant une chétive redevance par tête de mouton pour la saison et ce revenu assuré ne leur coûte ni fatigues, ni sacrifices.

L'exode de ce *peuple bêlant*, des déserts de la Crau aux terres herbeuses du Chanaan alpestre, a été peint, dans la langue félibréenne, en vers si pleins de saveur, empreints de tant de grâce pittoresque, par le poète de Mireille, dans le chant II de son *Poëme du Rhône*, que je ne saurais résister au désir de les citer ici.

A l'avalido

Encabana de nèu que blanquinejo,
Li serre dou Vercors pougnon l'espàci.
Lis abeié de Crau, d'aquéstis ouro,
Desbrouton adamount lis erbo drudo,
Lou Sanjanet flouri, la pimpinello :
Car es i pastre d'Arle que l'aubiso
De touti aquélis Aup e cimo linneto
Desempiei de milo an es reservado.
E fin qu'au Nivoulet de la Savoio
E per amount fin qu'au pic dou Viso
E pevalèn à-n'aquéu mount Genèbre
Qu'es l'aigo vers de Franço emai d'Itali,
Touti aparten. E de que tiron glòri
Touti li counquéstaire li mai trule
Que sus Rose à-de rèng an fa l'empèri,
Li Charle-magne emé li Bonaparte,
Lis Annibau et li Cesar de Roumo,
Pèr avé trecoula tàlis auturo?
Quand tòuti li printèms, en caravano,
Quand touti lis estièu e lis autouno,
Emé si grand manoun que fan trahino
Dintre la néu brenouso di neveiro,

Emé tout soun fedoun qu'a ges de noumbre,
Lou bastoun à la man. jougant dou fifre,
Escalon, éli, e passon li mountagno!

Traduit du Provençal

A l'horizon

Chaperonnés de neige blanchissante,
Les sommets du Vercors piquent l'espace.
Les troupeaux transhumants de la Crau, à cette heure,
Broutent là-haut les herbes drues,
Le cytise fleuri, la pinprenelle :
Car c'est aux bergers d'Arles que l'usage
De toutes ces Alpes et cimes lointaines
Depuis des milliers d'années est dévolu.
Et jusqu'au Nivolet de la Savoie
Et jusqu'au pic escarpé du Viso
Et loin, bien loin, jusqu'à ce mont Genèvre
Qui départit les eaux de France et d'Italie,
A eux tout appartient. Et de quoi se prévalent
Les conquérants les plus goulus
Qui eurent tour à tour empire sur le Rhône,
Les Charlemagne avec les Bonaparte,
Les Annibal et les César de Rome,
Pour avoir franchi ces hauteurs ?
Lorsque, tous les printemps, en caravane,
Lorsque tous les étés et les automnes,
Avec leurs grands boucs qui ouvrent la trace
Parmi la neige grenue des névés,
Suivis de leurs innombrables brebis,
Le bâton à la main, jouant du fifre,
Nos pâtres, eux, gravissent et passent les montagnes!

F. MISTRAL.

Malheureusement ces animaux, d'humeur si douce, si chers aux poètes des temps héroïques, et dont les pâtres, les gambades folâtres à travers les Alpages de la Sicile et de la Grèce, les plaintifs bêlements inspirèrent la muse de Virgile, dans ses « Bucoliques » et de Théocrite, dans ses « Idylles », n'acquièrent leur toison qu'aux dépens de celle des prairies, dont les pelouses verdoyantes disparaissent peu à peu sous l'action des morsures de leur dent meurtrière et de leur piétinement.

« Le mouton, dit le docteur Levier, est un facteur « de ruine et de misère qui n'est pas une fiction de « botaniste grincheux, mais que j'ai touché du doigt, « vu de mes yeux, partout où j'ai trouvé ce macrobe « établi en maître. Tout est vert, excepté les croupes « des montagnes dévastées par ce *rasoir à quatre* « *pattes* ».

Les moutons sont, en effet, la plaie, le fléau des montagnes pastorales, les animaux destructeurs, par excellence des Alpages.

Les dégâts qu'ils occasionnent sont dus au piétinement, d'abord et à l'action de leur dent c'est-à-dire du pâturage proprement dit. Ces animaux ont le pied petit, pointu et incisif; ils font des pas très courts et comme, dans les Alpages, ils marchent à la file, suivant tous la même piste, piétinant le sol à la même place, il en résulte une attaque continuelle et répétée du sol.

Il suffit, pour se faire une idée de cette dégradation du sol, d'examiner une route après le passage d'un gros troupeau de bêtes à laine; le macadam en est désagrégé et sa surface couverte d'une masse de cailloux disjoints, épars, roulant dans une couche épaisse de poussière.

Les pâturages traversés fréquemment par les bêtes ovines offrent de nombreux sillons qui se croisent et s'enchevêtrent dans tous les sens; ces traces multiples de leur passage, sur les mêmes points, finissent par se confondre, envahir la surface entière des pelouses et se transforment ainsi, à la longue, en sentiers pierreux qui, dans le pays, portent le nom de *Drayes*.

Sur les terrains inclinés, déjà dénudés, le piétinement de ces animaux ébranle les pierrailles et fait ébouler sur la pente jusqu'au bas du talus tous les matériaux désagrégés. Une route est-elle tracée au pied d'un pareil talus, le passage des moutons sème sa surface de débris et quelquefois détache des blocs de gros calibre, dont la vitesse s'accélère en roulant sur les pentes et dont la dégringolade est un danger pour les passants.

Par leur piétinement, non seulement ils ameublissent et dégradent le sol, mais encore ils écrasent et meurtrissent les plantes naissantes.

Les dégâts causés par le pâturage proprement dit ne sont pas moins importants. Le mouton broute sans avancer ; il séjourne longtemps à la même place, le nez à terre ; il arrache l'herbe au lieu de la couper ; la conformation de son museau pointu comme son pied lui permet d'attaquer une herbe courte et même battue et de la tondre jusqu'à la racine. Le mouton d'Arles, notamment, étant données l'habileté qu'il acquiert, dans la plaine caillouteuse de la Crau, à trouver la plus mince touffe d'herbe entre ou sous les cailloux qu'il retourne avec son museau et la funeste habitude qu'il y contracte de fouiller et de gratter le sol avec ses pattes, broute l'herbe gloutonnement jusqu'aux racines. Un proverbe populaire dit qu'un mouton d'Arles trouve à s'engraisser là où un mouton de pays meurt de faim.

Les dégâts que subissent les montagnes, sous l'action du libre parcours des troupeaux transhumants, sont, à un certain point de vue, il est juste de le signaler, moindres que ceux occasionnés par les troupeaux indigènes, toutes choses égales, d'ailleurs.

Le mouton de Provence n'arrive, en effet, sur la montagne, qu'à l'époque où la végétation est déjà vigoureuse et en pleine activité et où le sol, détrempé par la fonte des neiges, s'est déjà raffermi ; il en part, avant les grandes pluies d'automne.

Tandis que, suivant une nuisible habitude, sous prétexte d'abréger la période de stabulation qui trop longue est peu hygiénique et compromet la santé du mouton, mais en réalité, parce que, le plus souvent, il faut le dire, on manque des ressources nécessaires à la stabulation, le mouton indigène est conduit à la montagne de trop bonne heure. A peine les versants sont-ils dégagés de la couche épaisse de neige qui les a couverts pendant sept ou huit mois d'hiver, à peine l'herbe a-t-elle reverdi que déjà on mène les troupeaux de pays sur les pâturages ; les parties tendres de l'herbe sont immédiatement broutées par les bêtes affamées, le sol encore meuble est foulé et piétiné. Les terrains livrés ainsi à un pâturage trop hâtif offrent à l'œil de hideuses plaies, des zones dénudées, chauves et pelées. Le mouton indigène, d'autre part, visite les différents étages de la montagne, suivant les saisons, dans les conditions les plus défavorables pour la stabilité du sol et la conservation de la végétation herbacée.

La tendance des corps à chercher leur niveau, c'est-à-dire une position d'équilibre stable qui ne leur permet plus de descendre est constante et la pierre et la terre, une fois qu'elles ont obéi aux lois de la gravité, ne remontent malheureusement plus.

Une des fonctions des végétaux est de s'opposer à cette fatale tendance. Le gazon a pour rôle de lier et de fixer les terres des montagnes, de donner de la stabilité à leurs matériaux mobiles, toujours prêts à se déplacer sous l'action entraînante des eaux, à s'ébouler sous l'action de la pesanteur. Comme une cuirasse, il protège le sol contre le choc direct de la pluie, il le défend contre l'attaque mécanique des eaux torrentielles, contre l'érosion des eaux sauvages. Son action défensive est d'autant plus efficace qu'il forme un tapis à mailles plus serrées, un tapis continu. Les terres, en un mot, ne peuvent être stables qu'à la condition d'être protégées par la végétation, par une puissante *armature végétale*, pour employer le mot à la mode (1).

---

(1) Certains prétendent que ce terme *Armature* est neuf et a été emprunté par les techniciens au titre d'un roman de Paul

L'état clairiéré du gazon, les sillons tracés par le piétinement des bêtes ovines et formant sur la pelouse des solutions de continuité, des défauts à la cuirasse, favorisent donc la dénudation, par suite le ravinement et l'entraînement des terres vers les parties basses de la montagne, surtout dans des terrains qui, comme ceux de certaines régions de nos Alpes, se dégradent facilement, en raison de leur constitution minéralogique et de leur déclivité prononcée.

Disparition de la terre végétale, c'est-à-dire du sol le plus précieux, dépérissement de la zone pastorale, telles sont les conséquences immédiates pour la montagne, de l'action des moutons, de l'exploitation immodérée et abusive des pâturages. Le dépérissement des pâturages alpestres est prouvé par l'amoindrissement que subit, à chaque adjudication, le prix de ferme, au détriment des budgets communaux. Ayant ruiné ses forêts par une exploitation inintelligente, n'ayant donc plus ni bois de chauffage, ni bois de construction, n'ayant plus de pâturages, parce que les troupeaux ont rongé l'herbe jusqu'aux racines, plus de champs à mettre en culture, le sol arable, remué, divisé, ameubli par sa main ayant été raviné et entraîné par les eaux, le pasteur montagnard n'a plus qu'une ressource, celle de quitter le pays natal, d'émigrer, pour aller chercher ailleurs, dans l'atelier ou l'usine des villes populeuses, avec l'emploi de ses deux bras, la nourriture que lui refuse le sol épuisé ou disparu de son Alp, un travail plus rémunérateur, un bien-être plus facile. *Linquimus arva.*

Les pasteurs de la montagne ne subissent pas seuls les conséquences de la destruction de leurs pâturages; les effets de cette destruction, comme ceux de la

---

Hervieu; il y a là une erreur, me semble-t-il. Ce terme appliqué au manteau protecteur de la végétation était déjà dans le vocabulaire des forestiers, avant 1870, ainsi qu'en font foi les comptes rendus des travaux de reboisement de 1860 à 1874. C'est le cas de répéter ici, avec je ne sais plus quel poète : *Il n'y a de nouveau que ce qui a vieilli, que ce qui est oublié.*

disparition des forêts, se font sentir sur tous les points du territoire, situés en aval, sur les fonds inférieurs, arrosés par les eaux qui prennent leur source dans la montagne, c'est-à dire dans les propriétés supérieures.

N'étant plus amorties dans leur choc, ni absorbées, ni divisées, ni ralenties dans leur écoulement par les mille impedimenta, par les mille petits barrages que leur opposerait une puissante végétation, les eaux pluviales provenant, soit d'un orage, soit de la fonte des neiges, dévalent en flots torrentiels vers les vallées inférieures et les plaines qui voient leurs routes coupées, leurs ponts rompus, la viabilité compromise, leurs champs fertiles, leurs riantes prairies inondés et souvent ensevelis sous les amas de décombres et de sédiments que ces agents de démolition et de transport ont arrachés aux flancs de la montagne et charrient avec eux.

Si le mouton est la plaie des montagnes pastorales, si la conservation du sol est liée à la conservation et à la protection des pelouses, il semble, à priori, logique de le proscrire, de l'exclure de ces montagnes d'une façon générale et absolue. C'est vrai, mais, il est parfois nécessaire de concilier les mesures radicales que prescrit la logique avec des intérêts respectables qui en demandent l'atténuation ; il faut souvent, et c'est le cas ici, la faire plier devant certaines nécessités inflexibles, les nécessités de la vie, dans un milieu où l'homme est pris toute l'année entre le mal de mourir de faim et le mal de vivre misérablement.

A cet égard, il importe d'établir une distinction et de faire observer que ce sont surtout les abus de dépaissance qui ruinent la montagne ; c'est surtout à la vicieuse exploitation des pâturages que ceux-ci doivent leur dégradation ; fait à noter, les dégâts les plus considérables se constatent principalement sur les pâturages communaux, sur les terrains qui appartiennent à ce qu'on est convenu d'appeler des êtres moraux, sur la propriété collective. Là l'exploitation est imprévoyante, sans contrôle, toujours disposée à abuser du fonds pour en exagérer les revenus actuels.

Les pâturages communaux ont été tellement dévastés qu'on peut distinguer, à première vue, dans la montagne, les pâturages communaux des pâturages des particuliers.

Le particulier, intéressé à la conservation de ses pâturages, les soigne avec intelligence, les surveille et exige, s'il les loue, l'application rigoureuse de son traité. Ses pâturages sont enclos, bien fumés, purgés des pierres et des plantes nuisibles. Il attend, pour y introduire son bétail, que la neige ait disparu, que l'herbe ait pris une certaine consistance; il ne conduit dans son enclos que le nombre de têtes de bétail que cet enclos peut normalement nourrir; au lieu de laisser errer ses bêtes à l'aventure, il maintient le troupeau aujourd'hui sur un point, demain sur un autre, de façon que pendant ces évolutions sagement calculées, l'herbe ait le temps de se reproduire.

Les communes, au contraire, sans parler de leurs troupeaux déjà considérables, louent leurs pâturages aux bergers de Provence, sans limiter le nombre de têtes de bétail ou, si elles inscrivent quelque clause à cet égard dans les baux de fermage, elles ne veillent guère à leur observation.

Le communal, le bien commun, la *res publica* de la commune, on n'en a cure; ce qui appartient à tout le monde n'appartient à personne et personne ne veut en prendre soin pour les autres.

Quant aux fermiers, aux amodiataires, simples usufruitiers du sol, guidés par le sentiment de leur intérêt, comme les communes par le sentiment du lucre, ils *surchargent* et épuisent le pâturage en nourrissant le plus longtemps possible un troupeau sur le même pâturage.

Le nombre de têtes n'étant nullement en rapport avec l'étendue et les ressources normales du pâturage, ce trop grand nombre de têtes sur la même prairie détruit jusqu'à la racine et au germe des plantes.

Un autre abus est celui qui consiste, nous l'avons déjà signalé, dans la déplorable habitude de livrer trop tôt ces pâturages à la dent et au piétinement des bêtes à laine, au printemps par exemple, alors que le sol est encore meuble, que les herbes sont tendres et sans résistance, avant que la végétation se soit développée et que les plantes aient pu fleurir. Non seulement le piétinement des bêtes désagrège le sol, mais il détruit le gazon et l'empêche de se reproduire par suppression de l'ensemencement naturel, il transforme les surfaces gazonnées en terres vaines et vagues. Les pâturages communaux ne présentent qu'une succession de sentiers entre lesquels apparaissent ça et là quelques rares brins d'herbe.

Il est incontestable qu'une exploitation prévoyante et modérée des pâturages communaux qui ne forcerait pas la destination naturelle du sol des montagnes, qu'une exploitation attentive et méthodique. que, en un mot, la jouissance de ce sol en bon père de famille, pour user du terme légal, à laquelle se lierait une pensée d'avenir, préviendrait les ruines de ces pâturages. A la rigueur, la conservation des pâturages n'est pas indissolublement liée à l'adoption intégrale de la règle qui consiste à proscrire le mouton; c'est une question de mesure et de méthode.

Cette proscription des moutons, si elle était subite et totale, serait, du reste, une calamité pour certains pays de montagne, soit, parce que rien ne pourrait suppléer au produit des laines qui constitue pour eux une importante ressource, soit, parce que la disparition de la viande de mouton troublerait profondément le régime de leur alimentation, soit, enfin, parce qu'un grand nombre de communes ne sauraient remplacer ou ne remplaceraient que difficilement les revenus que donne à leur caisse municipale l'amodiation de leurs pâturages.

Tous ceux qui s'intéressent à la stabilité et à l'avenir des populations pastorales ont recherché une mesure capable de concilier les nécessités de la conservation du sol de la montagne, les intérêts des vallées inférieures et des plaines, liées avec la montagne par une puissante solidarité, avec les besoins impérieux des communes montagneuses. Ils ont senti qu'il fallait une réforme à la libre jouissance des pâturages quand cette jouissance devenait abusive et dommageable pour la collectivité.

La mesure préconisée a pour but de régler l'usage de la zone pastorale, de supprimer les abus de la dépaissance, de réglementer, en un mot, le pâturage.

Elle consiste, à limiter le nombre de bêtes à laine à introduire ou à admettre dans les pâturages, à le proportionner à la *possibilité*, c'est-à-dire aux ressources de ces pâturages, à fixer les époques avant ou après lesquelles les troupeaux ne pourront être conduits à la montagne, à abréger la durée de la dépaissance, dans une sage mesure et suivant les diverses zones, à aménager le pâturage, c'est à-dire à mettre en réserve ou en défends les pâturages trop dégradés, pour permettre, par quelques années de repos, aux gazons fatigués de réparer leurs pertes, aux plantes forestières, aux herbages de croître et de se développer sans être broutées sans répit ni piétinées par les troupeaux, pour permettre à l'action spontanée de la nature de tout régénérer, enfin à exclure ou tout au moins à admettre les moutons de Provence en plus petit nombre que les moutons de pays.

De par son esprit, cette mesure conservatrice et préservatrice porte atteinte, cela n'est pas douteux, aux intérêts des habitants et des communes. Il est vrai de dire, pour ce qui concerne les particuliers, que ceux dont les intérêts peuvent souffrir des restrictions apportées par cette mesure à la jouissance abusive des pâturages, sont surtout les propriétaires aisés de chaque commune, parmi lesquels on compte trop souvent les autorités municipales et auxquels leur situation permet d'acheter et d'entretenir des troupeaux considérables dont la surabondance exténue le sol et qui en font un véritable commerce.

Ceux-ci, en effet, achètent ou louent des moutons au commencement de chaque saison, les élèvent ou les nourrissent, gratuitement ou moyennant une minime contribution, sur les pâturages communaux et s'en défont à l'automne, avec profit. Ils jouissent des propriétés communales au préjudice des pauvres ou des indigents dont ces propriétés sont le seul patrimoine. L'élevage du mouton n'est pas pour eux un mode de culture, mais, comme l'a dit avec raison un Inspecteur des Forêts, une spéculation basée sur le terrain communal dont chacun cherche à tirer la plus grande somme de profits, sans s'inquiéter de sa conservation

L'habitant nécessiteux, l'indigent, lui, ne jouit pa des lieux de parcours de sa montagne, parce qu'il ne possède pas de bêtes à laine, n'ayant ni capital pour en acheter, ni fourrages pour les entretenir, l'hiver, pendant la période de stabulation.

Quant aux communes, la mesure a pour effet de réduire leurs revenus, soit qu'elles consentent à ne plus recevoir de troupeaux étrangers ou à les admettre en moins grand nombre, dans leurs montagnes pastorales, soit qu'elles obligent leurs habitants à réduire les leurs. D'un coté, elles perdent un prix de fermage, de l'autre elles éprouvent une réduction de leurs revenus par la diminution des produits de leurs rôles de pâturages. Elles peuvent, il est vrai, en vue de compenser ce déficit, majorer l'impôt dont est frappée chaque tête de bétail ; cette augmentation ne pèsera que sur la partie aisée des habitants, c'est-à-dire sur les spéculateurs.

Oui, mais il suffit de faire remarquer que ceux-ci cumulent, le plus souvent, ces dernières fonctions, avec celles plus honorifiques et moins lucratives de conseillers municipaux, pour faire entrevoir qu'une telle surtaxe ne sera jamais proposée.

Etant donné le trouble que cette mesure restrictive, salutaire, par excellence, apporte dans le régime actuel, soit qu'elle lèse des intérêts, soit qu'elle blesse des usages et des préjugés, il est équitable d'en atténuer les effets et de compenser la gène momentanée qui en résulte.

A cette condition, son application a des chances de ne pas se heurter indéfiniment aux hésitations ou aux résistances qu'elle suscite; elle ne peut que s'acclimater, surtout quand les résultats obtenus viendront ébranler la défiance des pasteurs de la montagne à l'endroit de cette innovation.

Quant à l'efficacité d'un règlement de jouissance, dominé par le principe de la contrainte légale, dont la sanction serait appuyée sur des mesures coercitives, mitigées par l'application très large du système des transactions, comme certains esprits l'ont proposé, elle nous paraît douteuse. Les mesures de rigueur n'ont jamais produit de résultats durables et féconds.

En l'espèce, elles se justifieraient difficilement. Le principe de compensation admis, il conviendrait d'allouer aux communes, dont le pâturage est la ressource principale, une indemnité, soit à titre de secours, soit à titre de reconnaissance d'un droit. dans le cas de la suppression par elles de la location des pâturages, ou dans le cas de la privation temporaire des pâturages livrés au parcours des bestiaux des habitants.

Le chiffre de cette indemnité serait basé sur l'effectif des troupeaux existants ou mieux (1) sur la possibilité du pâturage ou du parcours, c'est-à-dire sur l'étendue des terrains en pâturage, sur l'état de ces terrains, sur le nombre de têtes de bétail qu'ils peuvent supporter par hectare, sur le bénéfice approximatif par mouton dans le cours de l'année, en d'autres termes, sur la valeur actuelle de l'exercice de la dépaissance normale; dans la fixation de l'indemnité, on tiendrait compte également de la situation budgétaire de la commune, des profits directs ou indirects qu'elle retirera de l'amélioration de ses pâturages; il en serait de même pour les habitants.

L'indemnité serait sujette à revision après une période déterminée.

---

(1) Cette seconde base nous paraît la plus rationnelle, la plus propre à éviter des exagérations; mais communes et habitants lui trouveront un manque d'ampleur peu fait pour les engager à l'admettre.

Qui supporterait les charges de ces indemnités? Ces indemnités, comme au surplus toutes les autres dépenses nécessitées par l'œuvre de restauration et de conservation des montagnes ne seraient pas à la charge exclusive de l'Etat et du département.

Les farouches partisans du socialisme d'Etat ont bien dévolu, dans ce domaine comme dans bien d'autres, à l'Etat, la fonction d'exercer au profit de la nation cette prévoyance qu'on ne peut attendre des particuliers. Mais ce maître prévoyant distribue les fonds nécessaires à la réalisation de l'œuvre de restauration des montagnes, d'une main si avare, avec une telle parcimonie qu'il en paralyse les résultats et en compromet le succès; sa coopération à lui tout seul est insuffisante et impuissante, malgré le zèle intelligent de l'administration forestière.

Devraient participer au paiement de ces indemnités, comme aux frais de l'œuvre de restauration et de conservation des montagnes, les habitants des plaines et des vallées, en un mot tous les riverains d'aval; groupés en un grand syndicat, l'Etat compris, tous ces riverains sans cesse menacés ou envahis par les eaux de la montagne, établiraient le coefficient de l'utilité de l'œuvre pour chaque intéressé et en concluraient sa part contributive aux dépenses; malgré les complications apparentes de la pratique de ce système, il ne nous paraît pas irréalisable.

Si on regazonne, si on régénère les montagnes, c'est moins au profit des communes propriétaires des terrains sur lesquels on exécute ces travaux de restauration que dans l'intérêt des habitants des plaines et des vallées inférieures, agriculteurs, propriétaires, usiniers, entrepreneurs de transport, communes, départements, Etat.

Pendant ces travaux, les communes de la montagne, déjà si indigentes, sont privées de la jouissance de leurs pâturages, source de l'un de leurs revenus; elles font donc un sacrifice à la satisfaction d'un intérêt général, en renonçant, durant de longues années, au produit de la presque totalité des montagnes pastorales dont elles font l'abandon ; tandis que les plaines profiteront plus que les communes des effets du regazonnement.

Il y aurait là, d'autre part, une application bien entendue du grand principe de solidarité et de justice ; remarquons-le, ce n'est pas une aumône que feraient les agriculteurs de la plaine aux pasteurs de la montagne. Quoi! les terres fertiles de la plaine ne sont-elles pas faites de la terre végétale, c'est-à-dire de la chair des montagnes?

Ce n'est pas tout; dans ces régions déshéritées, un dégrèvement d'impôts des propriétés communales serait un acte d'équité. Il ne faut pas perdre de vue que, dans un grand nombre de localités montagneuses, la surestimation du revenu des forêts et des propriétés communales, dans les évaluations cadastrales, a pour effet de surcharger les communes d'impôts qui absorbent la meilleure part de leur revenu et les poussent à l'augmenter par une jouissance abusive ; surcharge d'impôts, surcharge de moutons sur les pâturages, car il faut vivre, la caisse du percepteur ne leur laissant pas le moindre bénéfice.

Si réparer, si guérir sont bien ; prévenir est mieux encore. Dans cet ordre d'idées, tous ceux dont la voix est puissante sur l'esprit des populations pastorales — je laisse de côté et pour cause celle des agents de l'administration forestière auxquels doit cependant être rendu un hommage mérité pour le zèle infatigable qu'ils déploient dans l'œuvre rude et ingrate de restauration des montagnes, mais qui sont trop souvent encore considérés par le paysan montagnard comme des *« ogres prêts à dévorer les troupeaux et les pâturages »* — tous ceux, dis-je, qui, par leur position sociale, leurs fonctions, peuvent exercer une influence parce qu'ils jouissent de la considération et de la confiance de ces populations, Sociétés d'agriculture, Sociétés alpines, instituteurs, curés, etc., doivent se donner pour mission d'éclairer le paysan montagnard aveuglé sur ses intérêts réels. C'est une œuvre de longue patience, de volonté, de dévouement qui peut être féconde en résultats, comme tout apostolat.

Il faut s'efforcer à faire comprendre à ces populations qui, soit ignorance, soit égoïsme, soit pauvreté, mettent le bénéfice de leur jouissance actuelle bien au-dessus des avantages qui ne seront recueillis que dans un avenir éloigné, sont peu touchées d'un accroissement de richesse dont elles ne jouiront peut être pas et qui ne profitera qu'aux générations futures et ne voient que l'intérêt immédiat de la pâture, le bénéfice prochain, réalisable à court terme, il faut leur faire comprendre que le troupeau qui détruit le sol et le gazon, ruine l'héritage, le patrimoine, que le mouton ne s'habille et ne s'engraisse qu'au prix de l'existence de leur terre, que la disparition de l'herbe, c'est-à dire de la nourriture du troupeau, c'est la disparition, à brève échéance, de leur industrie pastorale, que la jouissance actuelle pour eux c'est plus tard la misère pour eux et pour leurs enfants, qu'elles doivent à la génération qui vient le sacrifice d'un peu de leur impatiente cupidité et qu'il vaut mieux, en somme, perdre une portion de leurs revenus que la totalité du capital qui les donne.

Ce qu'il faut leur faire observer et toucher du doigt, c'est l'inintelligence et le caractère infructueux et dommageable des travaux pénibles qu'elles consacrent au défrichement et à la mise en valeur de quelques parcelles perchées sur le faîte ou assises sur la pente des montagnes. Après avoir conquis le sol au prix des plus rudes efforts, elles lui arrachent deux ou trois chétives récoltes à peine suffisantes pour assurer leur subsistance ; pour nos montagnards des Alpes, le produit net n'existe pas. Bientôt la terre ameublie par la culture est entraînée par les eaux pluviales et la roche est mise à nu avec sa désolante stérilité.

Il faut les convaincre de cette vérité que le bois et le gazon, c'est le sol, que sans eux le sol disparaît, que le sol a une fonction sociale et que sa disparition fait naître la disette, engendre la misère, empêche les populations de se stabiliser et entraîne fatalement l'émigration.

Cette vérité, il faut la faire pénétrer dans le cerveau de l'enfant à l'école, la semer et la cultiver dans l'esprit des jeunes générations, de ceux qui, demain, seront des hommes et qui, pasteurs à leur tour, seront aux prises, comme leurs pères, avec les mêmes tentations d'abuser du sol et de détruire la montagne.

Il faut aussi s'efforcer a montrer aux populations qui sont encore hostiles à l'œuvre de régénération de la montagne ou hésitent à s'y associer, les merveilleux résultats acquis par les populations qui se sont prêtées de bon gré à l'application des mesures protectrices de leurs pâturages et qui aujourd'hui recueillent les fruits de leurs sacrifices ; l'exemple est souvent contagieux, les leçons de chose revêtent un caractère éminemment persuasif et sont un moyen de propagande des plus actifs ; il faut aussi leur faire sentir que l'œuvre de régénération, de résurrection des brins d'herbe une fois accomplie, à la faveur des concours qu'elles ont reçues, elles doivent renoncer à la pratique de leurs anciens errements, par reconnaissance et par intérêt ; qu'il serait inutile, en effet, de panser le mal, sans en tarir la source et que guérir une plaie, pour s'appliquer à la rouvrir ensuite, est une œuvre de démence, justiciable des petites maisons.

Je ne me dissimule pas tout ce qu'a d'audacieux la tâche qui consiste à aller prêcher le sacrifice et la sagesse à des hommes qui, vivant près des limites de la terre habitable, ne connaissent que les privations ; *primum manducare, deinde philosophari*, seront-ils en droit de répondre à ceux qui essaieront de les convertir ; néanmoins, si on la mesure aux résultats féconds qu'elle peut produire, elle vaut la peine d'être tentée ; elle n'est pas impossible si elle s'appuie sur un système d'équitables compensations.

Dans une remarquable étude sur l'*Economie alpestre* due à la plume de M. Briot, conservateur des forêts à Aurillac, celui-ci est d'avis qu'il « vaut mieux éclairer le peuple sur ses intérêts véritables que de le contraindre par des lois auxquelles il est presque impossible d'obéir. »

Enfin, il faut aider au développement des *Associations fruitières*, encourager et faciliter, par des subsides, la création des *prairies artificielles;* avec ces prairies, on récolte plus de fourrages, d'où la possibilité de substituer les vaches aux brebis, de tenir et d'élever du gros bétail et de réaliser des bénéfices supérieurs à ceux qu'on retire des bêtes à laine; avec les bêtes aumailles, production d'engrais utilisables pour l'agriculture, récoltes plus abondantes, plus large rendement des terres ; tout se tient.

La création des prairies artificielles exige l'établissement de *canaux d'arrosage;* il faut le favoriser partout où il est possible.

Depuis quelques années, l'élevage des bêtes à laine dans nos pays, tend à péricliter; les laines baissent sensiblement, grâce à l'arrivage des laines de La Plata, d'Australie et de la Tauride, qui sont de qualité supérieure à celle des laines de nos Alpes; d'autre part, le mouton des Alpes ne peut lutter avec ces moutons de belle race, ces superbes mérinos qui prospèrent sur les plateaux fertiles du Soissonnais, du Valois, de la Beauce, du pays de Caux, et qui donnent une viande et des laines de superbe qualité.

Peut-être, est-ce dans cette révolution économique de la laine que se trouve le salut des Alpes et que se trouve en germe l'obstacle prochain à l'exploitation de la montagne par la plaine.

Les pâturages des Alpes ne subsistent pour ainsi dire qu'à la faveur des terres basses du Midi. A ce propos, signalons une idée émise en 1871, dans un travail remarquable sur les *Torrents des-Alpes*, par un ancien élève de l'Ecole forestière de Nancy, M.-L. Marchand, garde général des forêts :

« Une grande question agricole, disait-il, est inti-
« mement liée au pâturage des moutons dans les Al-
« pes françaises ; je veux parler de la mise en valeur,

« par l'arrosage, de la Crau. Le jour où cet immense « progrès sera réalisé, cette plaine rocailleuse se « transformera en une riche contrée agricole et les « transhumants s'en verront à jamais bannis. Leur « élevage ne sera plus suffisamment rémunérateur et « fera peut-être place à celui des bêtes à cornes, qui, « comme en Suisse, iront pendant l'été pâturer sur « les sommets de nos Alpes. L'idée que j'expose est « fondée sur une hypothèse réalisable et peut-être « nos montagnes devront-elles leur salut à la ferti- « lisation de l'immense désert qui s'étend à leurs « pieds. »

Un de nos plus illustres agriculteurs, de Gasparin, a exprimé la même idée. « Faites disparaître, disait- « il, les terrains vacants de la Crau d'Arles ; suppri- « mez les Jachères de la Camargue, et, du même « coup les pâturages des environs de Gap et de Bar- « celonnette, devenus inutiles, sont rendus à la pro- « duction des forêts... »

Ce souci de l'avenir des montagnes, de leurs populations et de leur existence pastorale qui, dès 1891, provoqua la fondation, par la Société d'agriculture des Alpes-Maritimes, de la *Société des Amis des Arbres*, vient de se traduire encore, il y a peu de temps, par la création à Bordeaux, à la date du 21 avril 1904, d'une *Association pour l'aménagement des montagnes*, sous la présidence de M. Descombes, directeur honoraire des manufactures de l'Etat.

Cette association a entrepris, dans le haut bassin de la Garonne, une leçon de choses pour l'amélioration des pratiques pastorales, en affermant par un bail de cinq ans et *sans rien diminuer des avantages pécuniaires des communes*, un vaste territoire communal de près de 2.000 hectares. Son premier soin a été d'exclure les moutons espagnols qui le dévastaient.

Cette œuvre de restauration, ou l'initiative collective désintéressée va appliquer aux montagnes pastorales les règles d'une saine et intelligente exploitation, est une œuvre dont l'utilité et le caractère patriotique et humanitaire n'échapperont à personne. Elle mérite non seulement d'être applaudie, mais encore imitée; elle a trouvé la vraie solution du problème qui consiste à reconquérir l'Alp, sur son mortel ennemi, la bête à laine, à ruiner l'*Œuvre des Moutons à la Montagne*, c'est-à-dire l'œuvre de l'exploitation néfaste des pasteurs alpicoles par les commerçants et les industriels de la plaine et par la suppression des *Saines Vacances* des bêtes ovines, à empêcher la *mort de la montagne*.

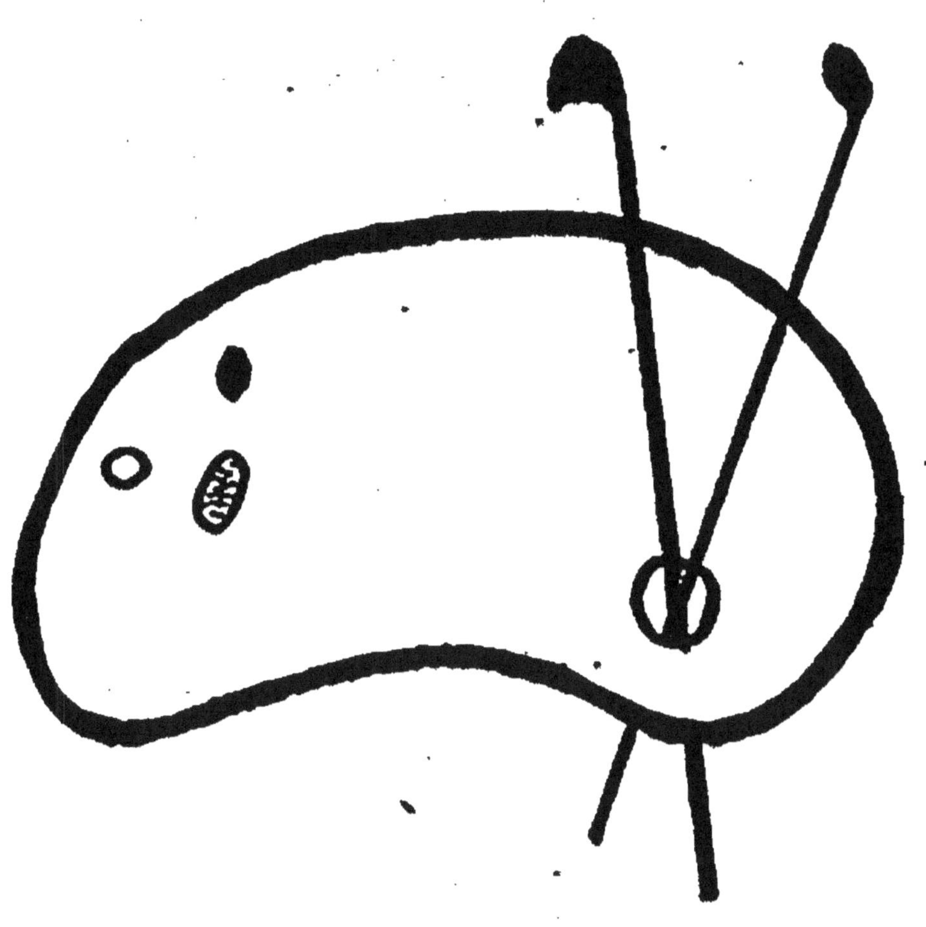

www.ingramcontent.com/pod-product-compliance
Lightning Source LLC
LaVergne TN
LVHW010307230826
846091LV00007BB/2762

* 9 7 8 2 0 1 3 4 5 3 8 8 2 *